Jaber Ben Hassen

Extraction des informations visuelles

Saber Ben Hassen

Extraction des informations visuelles

Éditions universitaires européennes

Impressum / Mentions légales
Bibliografische Information der Deutschen Nationalbibliothek: Die Deutsche Nationalbibliothek verzeichnet diese Publikation in der Deutschen Nationalbibliografie; detaillierte bibliografische Daten sind im Internet über http://dnb.d-nb.de abrufbar.
Alle in diesem Buch genannten Marken und Produktnamen unterliegen warenzeichen-, marken- oder patentrechtlichem Schutz bzw. sind Warenzeichen oder eingetragene Warenzeichen der jeweiligen Inhaber. Die Wiedergabe von Marken, Produktnamen, Gebrauchsnamen, Handelsnamen, Warenbezeichnungen u.s.w. in diesem Werk berechtigt auch ohne besondere Kennzeichnung nicht zu der Annahme, dass solche Namen im Sinne der Warenzeichen- und Markenschutzgesetzgebung als frei zu betrachten wären und daher von jedermann benutzt werden dürften.

Information bibliographique publiée par la Deutsche Nationalbibliothek: La Deutsche Nationalbibliothek inscrit cette publication à la Deutsche Nationalbibliografie; des données bibliographiques détaillées sont disponibles sur internet à l'adresse http://dnb.d-nb.de.
Toutes marques et noms de produits mentionnés dans ce livre demeurent sous la protection des marques, des marques déposées et des brevets, et sont des marques ou des marques déposées de leurs détenteurs respectifs. L'utilisation des marques, noms de produits, noms communs, noms commerciaux, descriptions de produits, etc, même sans qu'ils soient mentionnés de façon particulière dans ce livre ne signifie en aucune façon que ces noms peuvent être utilisés sans restriction à l'égard de la législation pour la protection des marques et des marques déposées et pourraient donc être utilisés par quiconque.

Coverbild / Photo de couverture: www.ingimage.com

Verlag / Editeur:
Éditions universitaires européennes
ist ein Imprint der / est une marque déposée de
OmniScriptum GmbH & Co. KG
Bahnhofstraße 28, 66111 Saarbrücken, Deutschland / Allemagne
Email: info@editions-ue.com

Herstellung: siehe letzte Seite /
Impression: voir la dernière page
ISBN: 978-613-1-55351-6

Résumé

Dans ce projet fin d'étude, nous avons à disposition un manipulateur robot de la marque KUKA. Nous avons pour objectif de contrôler le bras robot par un ordinateur portable grâce à une communication réseau par un câble Ethernet IEEE 802.3. Ce mode de fonctionnement permet de commander le robot en temps réel grâce à une connexion en TCP/IP. Nous avons donc du dans un premier temps de gérer cette communication qui consiste en un échange de fichiers XML régulièrement afin de pouvoir manipuler le bras de robot. Pour ce faire, nous avons réalisé une Interface en C-Sharp contenant toutes les fonctions utiles (déplacement de préhenseur, récupérer une E/S digitale ...). Deuxièmeent, nous avons mis en place un camera Kinect fixe pour la détection des objets (reconnaissance de forme, détermination de profondeur etc.) et pour finir nous avons appliqué ça à un cas plus pratique : nous avons programmé le robot pour qu'il soit capable de reconnaitre et de prendre des pièces grâce à un traitement d'image.

Mots clé : Robot KUKA, kinect, Ethernet IEEE 802.3, TCP/IP, traitement d'image.

Abstract

In this our final internship, we will control the robot controller KUKA with a remote communication. First, the robot controller communicates with the external system via a real – time-capable point to point network link. The exchanged Data are transmitted via the Ethernet TCP/IP protocol as strings. To do this, we performed a c# interface with all relevant functions (moving gripper, retrieving a digital I/O etc...). Second, we set up a Kinect in the approximity of the robot for the detection of the objects (recognition of form, determination of position etc...) and finally we applied it to a practical example: we have programmed the robot to be able to recognize object thanks to the reliability of the visual processing.

Keywords: KUKA, Kinect, IEEE 802.3 Ethernet, TCP/IP, visual processing.

Remerciements

Nous tenons à remercier énormément et à exprimer toute notre reconnaissance envers :

Allah avant tout

Puis envers :

Nos très chers parents

Pour tous leurs sacrifices et tous ce qu'ils ont enduré pour notre bonheur

Ainsi que nos chères frères et sœurs

Nos encadreurs

M. Khaled KAÂNICHE

Maître assistant à l'ENISO

M. Hassen MEKKI

Maître assistant à l'ENISO

Pour leurs soutiens et leurs conseils didactiques durant le projet

Notre chère équipe du projet KUKA à l'ENISO

Et toute personne qui nous a aidés à réaliser ce

Travail

Table des matières

Liste des figures

Introduction Générale

La robotique actuelle trouve des applications dans différents domaines tel que la robotique industrielle, la robotique domestique, la robotique médicale ou encore la robotique militaire. Notre projet consacré à l'utilisation d'un bras robot industriel de type professionnel nommé KUKA. Les robots KUKA sont utilisés dans tous les domaines de pointe de l'industrie actuelle et en particulier dans la production. Ce type de robot industriel peut être adapté et utilisé pour un grand nombre des taches différentes, on peut distinguer les robots de peinture ou de soudure qui sont largement utilisés dans l'industrie automobile leurs conception nécessite une bonne connaissance et un très haut niveau dans le domaine de l'ingénierie.

L'objectif du projet a été de mettre en œuvre dans sa globalité le trie des pièces par vision 3D. Ce projet est effectué au sein du labo mécanique dans notre école ENISO. Il était proposé par l'entreprise INTELLIGENT ROBOT, et il intègre une collaboration des trois filières : celle du mécatronique, celle de l'électronique et celle de l'informatique appliqué. L'ambition de notre entreprise a été de réaliser une application pour la localisation et la détermination de position des pièces de différentes formes. Une pince à deux doigts sera fabriquée pour amener la pièce d'une poste à une autre. Cette dernière sera commandée par une carte électronique pour l'ouverture et la fermeture des deux doigts. Le Kinect capte les positions des pièces puis envoie le flux de donnée vers un PC externe, l'algorithme de localisation compare une image de la pièce en considération avec l'image prise par le capteur. Une fois la localisation est terminée les données de position sont envoyées vers le robot KUKA qui se déplace vers la pièce en considération et la dépose d'une façon exploitable pour un ultérieur traitement.

Le projet globale se décompose donc en trois sous projets qui sont : la conception et la réalisation d'un préhenseur qui sera traité par le groupe du mécatronique, la commande de préhenseur à travers une carte électronique externe qui sera traité par le groupe du l'électronique. Enfin, l'extraction des informations visuelles, communication et commande qui seront traité par le groupe informatique. La réalisation de l'installation a nécessité la mise en œuvre de l'ensemble de l'instrumentation (capteurs, actionneurs, modules d'entrées/sorties, préhenseur, soft etc.), la mise en place du câblage électrique, la conception d'un réseau local industriel Ethernet IEEE 802.3. Le but de notre projet est que le robot KUKA soit capable de reconnaitre la pièce convenable par la vision 3D et de commander le robot par le système externe afin de le déplacer vers la position désirée. Le matériel utilisé est basé sur des équipements industriels dotés des technologies les plus avancés utilisés dans les systèmes de production actuels. L'atelier est constitué de :

- deux stations : l'une pour faire le trie des objets de différentes formes et couleurs. L'autre c'est pour faire l'évacuation.
- Une pince à deux doigts montés sur le bras manipulateur.
- Une carte externe qui communique avec la baie de commande pour la commande de la pince.
- Le Kinect fixe permet de détecter les objets et d'identifier leurs positions.
- Un Système externe, qui présente l'ordinateur portable, pour l'implémentation des algorithmes de traitement. Celui-ci commande le bras manipulateur KUKA à travers la baie de commande KR C1 grâce à une communication réseau Ethernet.

- La baie de commande KRC1 qui traduit les ordres du pupitre KCP (KUKA Control Panel) pour commander les capteurs et les actionneurs du robot.
- Un câble réseau croisé pour établir une communication réseau locale Ethernet de la norme IEEE 802.3.
- Un bras manipulateur de type KUKA KR 125/2

Au commencement de notre projet et grâce à une longue documentation sur le langage de programmation du robot nous avons constaté qu'il est impossible d'implémenter des algorithmes de traitement d'images en langage KRL vu leurs complexités. Pour contourner à cette difficulté nous avons développé une interface logicielle qui implémente tous les algorithmes du traitement d'image. Notre interface jouera le rôle du poste de supervision ; c'est pas uniquement un moyen de traitement visuel sur les formes, les couleurs, et les positions des objets mais aussi un moyen de commander le robot à distance grâce à une communication réseau locale Ethernet. Ainsi, les ordres seront envoyé de l'ordinateur portable à la baie de commande de type KR C1 pour actionné le bras manipulateur et exécuté la tache de trie.

Pour envisager d'utiliser le robot KUKA dans un tel contexte, il fallait installer le Kinect fixe grâce auquel nous avons pris des images. Une fois nous avons délimité le champ de vision du camera, identifié les objets et déterminé leurs positions. Nous passerons les coordonnées spatiales des objets à la baie de commande KR C1 à travers l'interface que nous avons développée. Notre application commandera donc le robot via un câble réseau Ethernet IEEE 802.3 en utilisant le protocole de transmission TCP/IP. Ainsi, le robot se dirigera vers la pièce considéré dans la station de trie, il prendra la pièce grâce au préhenseur, qui sera développé par le groupe du mécatronique, puis il se chargera de mettre cette dernière dans la station d'évacuation .Enfin, il retournera à sa position initiale et attendra une nouvelle commande.

Etant les premiers étudiants à utiliser le type de robot KUKA, nous allons donc débroussailler le terrain et essayer de comprendre son fonctionnement. Pour ce faire, nous avons du étudier son langage et cerner ses possibilités même si elles sont énormes. Après compréhension de son fonctionnement, nous avons développé une solution simple qui consiste à reconnaitre la position de différents objets et de faire passer les coordonnées spatiale de chaque objet pour que le robot soit capable de les atteindre.

Nous exposons dans ce rapport de stage de fin d'étude en premier lieu le chapitre de l'état de l'art et l'étude de l'existant qui présentera l'architecture matériel et logiciel du robot KUKA, ainsi que les différentes solutions qui ont été existé pour pouvoir commander le robot à distance. Dans un second lieu, nous expliquerons dans le deuxième chapitre notre configuration matériel et logiciel. De même, nous introduirons les différents aspects et les théories sur lesquelles se base de notre travail. Egalement, nous définirons une modélisation UML de notre solution adaptée.

Ensuite, nous détaillerons dans le troisième chapitre la partie réalisation qui s'appuie sur une implémentation des algorithmes de traitement visuel ainsi que sur la commande de notre robot par une communication Ethernet en utilisant le protocole TCP/IP. Enfin, en conclusion, Nous résumons notre travail.

9

Chapitre 1

Etude de l'existant et état de l'art

Introduction

Pour une meilleure compréhension des taches que nous avons pu effectuer, il apparait approprié de traiter en premier lieu l'architecture matériel et logiciel de notre robot KUKA. Dans un second lieu, nous allons déterminer les problèmes principaux existant afin d'adapter notre application à la même architecture logiciel du robot KUKA. Finalement, nous allons définir quelques solutions qui permettent au robot de communiquer avec l'extérieur.

Nous avons commencé par l'étude de l'existant puis nous avons introduit l'étude de nos besoins. Enfin, nous avons recensé quelques solutions pour la commande de robot à distance.

1. Etude de l'existant

Notre robot KUKA était livré avec des composantes logicielles et matérielles permettant de réaliser son fonctionnement de base .il s'est avéré très intéressant de faire un tour d'horizon sur les différents aspects techniques et les technologies auxquels nous avons été confrontés

Dans cette section, nous allons introduire l'architecture matérielle et logicielle du robot KUKA. Nous définissons également les différentes modes d'exécution et le synoptique général de commande du robot.

1.1. Description des produits :

Pour pouvoir exploiter au mieux la nouvelle manière de programmer que nous avons décidé d'utiliser, il nous a fallu nous former sur l'architecture matérielle et logicielle du robot KUKA. Durant les 2 à 4 premières semaines, nous avons donc tenté d'en apprendre un maximum sur les bases de la programmation du langage du robot, de comprendre la façon traditionnelle de commander le robot et de vérifié l'ensemble des périphérique compatible. Nous avons commencé à décrire le robot, l'armoire, le pupitre et le système logiciel du robot.

1.1.1. Le robot :

Le robot de la série KR 125/2 est un bras manipulateur 6 axes de A1 à A6.Le robot capable de travailler avec une masse utile de 6Kg. La Figure 1 illustre une description de position des 6 axes et leurs sens de rotation :

Figure 1 : Position et sens de rotation des axes du robot

1.1.2. Baie de commande KR C1 (KUKA Robot Cabinet) :

La baie KRC1 assure le contrôle et l'alimentation du robot .Elle est composée d'un PC industriel de 64MO de Ram, un disque dur de 4Go, et dans lequel un système

d'exploitation Windows 95 est installé. Seules 2 partitions sont utilisées par le système. L'application logicielle KUKA est gérée par un module temps réel VxWin cadencé avec une période d'échantillonnage de 12ms.
En plus, L'armoire contient une carte multifonction MFC qui gère les entrées sorties du système et possède une liaison bus CAN avec le pupitre. Une carte d'axes DSEAT à base de DSPs, qui est montée juste au dessus de la carte MFC, et qui contrôle les 6 axes moteurs asservis.
Les deux cartes MFC et DSEAT sont monté sur un port ISA de la carte mère de PC industriel. La Figure 2 illustre les deux cartes MFC et DSEAT:

Figure 2 : Une carte DSEAT est montée au dessus de le carte MFC

De plus, l'affichage du système logiciel est réalisé par une interface VGA monté sur port PCI de la carte mère du PC Industriel. Cette carte offre la possibilité de brancher un écran optionnel afin de visualiser l'interface KUKA. HMI (KUKA Human-Machine Interface). La Figure 3 illustre la carte VGA :

Figure 3 : Carte d'affichage VGA

En Outre, il existe une autre carte nommé RDW gérant les résolveurs de position d'axes ainsi que les conversions A/N .Cette carte est implantée dans la base du robot lui-même.
Nous avons constaté aussi que les équipements périphériques de la baie incluent un lecteur CD ROM, un lecteur de disquette, et des ports optionnels pour Profibus, Interbus, Devicenet, ASI ou Ethernet. La partie de puissance est fournie par le module PM6-600 : Power Module 6 axes 600V DC. Ce module permet l'alimentation du PC avec des dérivations en 27V.
Aujourd'hui tous les robots KUKA récents sont livrés avec un contrôleur universel KR C4 sur la base de Windows XP. Les périphériques incluent les ports USB, connexion Ethernet et les réseaux optionnels Profibus, Interbus, DeviceNet ou Profinet.
La figure 4 illustre la synoptique générale de l'architecture de robot :

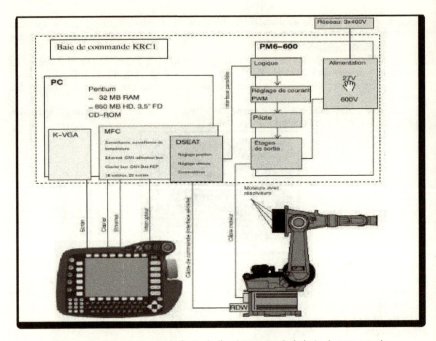

Figure 4 : La synoptique générale de l'architecture de la baie de commande

1.1.3. KCP (KUKA Control Panel) :

C'est l'interface du PC présent dans la baie .Le KCP est une solution standard développé par l'entreprise KUKA afin de commander le manipulateur robot. Il est branché à la baie de commande KR C1 par un bus CAN qui permet l'envoie des instructions à la carte MFC du PC industriel. Le KCP est relié aussi à la carte graphique VGA pour afficher l'interface logicielle KUKA.HMI. Il possède 3 touches d'homme mort équivalentes dans leur fonction mais placées de façon différentes selon la saisie du KCP, une souris à six degrés de libertés intégré, un commutateur pour sélectionner le mode de fonctionnement du robot (Test1, Test2, Automatique, automatique externe) et un arrêt d'urgence.
La Figure 5 suivante illustre la face derrière et la face avant du KCP :

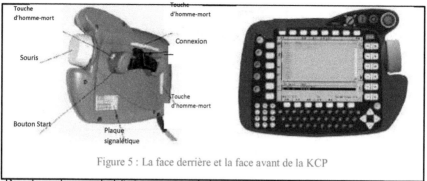

Figure 5 : La face derrière et la face avant de la KCP

Dans le mode manuel, il faut appuyer sur le bouton vert "Start" et une touche d'homme mort pour commander le robot.

1.1.4. KUKA System Software (KSS) :

Le logiciel KUKA System Software KSS est le cœur de tout le contrôle du robot industriel. Au cours de notre projet, nous avons eu le KSS installé. Il se charge de toutes les fonctions de base pour l'exploitation du système. La version KSS 5.5 est bien compatible avec l'armoire de commande KUKA Robot Cabinet KR C1. Le KSS permet la gestion des E/S, la planification de la trajectoire, la gestion des données et des fichiers, etc. Au démarrage de l'armoire de commande, le KSS permet d'exécuter l'interface utilisateur KUKA.HMI qui peut gérer les utilisateurs, programmer en KRL (KUKA Robot Language), afficher les messages, etc.

1.2. Les modes de fonctionnement :

La programmation et l'exécution d'un programme en langage KRL nécessite de comprendre l'autorité que possède chaque groupe d'utilisateur pour accéder aux programmes. Traiter les modes de fonctionnement nous facilite la vérification de déplacement de robot à chaque insertion d'une ligne de code. Nous avons essayé donc de testé les modes du KCP lors de l'exécution et de comprendre l'utilité du Mode Expert et du mode opérateur.

1.2.1. Les modes du KCP :

Un commutateur situé en façade du KCP permet de placer le robot dans l'un des quatre modes possibles. Le sélecteur est commandé avec une clé qui peut être retirée. Sans clé, le sélecteur est verrouillé et le mode ne peut pas être changé. La Figure 6 [1] illustre les 4 modes possible :

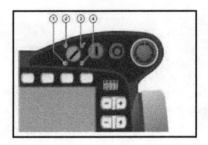

Figure 6 : Le sélecteur de mode

1 : T2 (Mode manuel à vitesse élevée).
2 : AUT (Mode automatique).
3 : AUT EXT (Mode automatique externe).
4 : T1 (Manuel à vitesse Réduite).
Nous avons testé une programmation sous le mode T1 avant de passer successivement en T2 puis en mode automatique.

1.2.2. Mode ''Opérateur '' et mode ''Expert'' :

Les deux modes de service existent sur les systèmes KUKA : le mode ''opérateur'', très contraint. Il est destiné, comme son nom l'indique à être utilisé par l'opérateur dans le cadre d'une production et permet simplement de lancer et d'interrompre des programmes écrits par ailleurs par le programmateur attitré. Ce mode est le mode par défaut au lancement du système. Cependant, le mode ''Expert '' autorise l'accès à l'ensemble des fonctionnalités et programmes du robot. C'est le mode que nous avons utilisé dans le cadre du projet en saisissant le mode de passe ''KUKA''.Ce mode sous-entend une maitrise totale des manœuvres.

2. Etude de besoin

Après une description de l'architecture logicielle et de la commande existante du robot. Nous allons vérifier par la suite de si le but de notre projet peut être adapté à la même architecture logicielle KUKA afin de répondre à nos besoins et de bien localisé le problème de notre application.

Le robot KUKA est commandé par un PC qui tourne sous **vxWin** (contraction de vxWorks et Windows) qui est un système d'exploitation. Le **VxWorks** (le système temps réel) est le processus prioritaire. Lorsqu'il est inactif, il laisse les ressources libres à Windows (l'interface utilisateur). Par exemple, lorsque le robot est en action ou qu'une interruption se produit, vxWorks est prioritaire sur les ressources et met Windows à l'arrière plan .Lorsque le robot est inactif et que nous éditions des programmes sur le robot, c'est l'inverse.

Le robot est donc commandé, au plus bas niveau, par **vxWorks**. Le vxWorks exécute des instructions qu'il lit dans un programme que nous lui avons chargé en mémoire. Ce programme de commande est chargé depuis Windows .C'est d'ailleurs dans Windows que l'utilisateur créé/modifie le programme. Ces passages de l'espace utilisateur à l'espace robot sont transparents et son gérés par une IHM : le **KukaBOF**. Ainsi l'utilisateur écrit un programme (en KRL), le modifie, le charge et le fait exécuté depuis le **KukaBOF**. La Figure

7 [2] illustre cette architecture .De plus elle met en évidence le fait que Windows communique avec **vxWorks** via le **CROSS** :

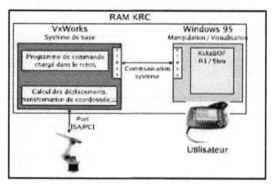

Figure 7 : Architecture logicielle de la commande de robot

Notre projet consiste à développer une application pour la localisation et la détermination de position pour des pièces de différentes formes. Or il est impossible de commander le robot dans ces conditions pour deux raisons :

- La programmation du robot se fait uniquement en KRL donc il est impossible de contrôler des périphériques complexes tel qu'un camera 3D ou développer des algorithmes optimisés pour traitement d'image.

- Nous devons intervenir sur le robot (modifier le programme et le recharge) lorsque nous voulons modifier le comportement du robot.

Le but de notre projet fin d'étude a donc été de combler ce manque.

3. Etat de l'art

Il existe quelques solutions qui permettent au robot de communiquer avec l'extérieur. D'ailleurs c'est aussi cette ouverture vers l'extérieur qui contribue à la qualité des robots KUKA .Par contre il restait à déterminer :

- Comment ces solutions fonctionnaient ?
- Etait-elle adaptée au problème ?
- Combien nous couteraient-elles ?
- Quelles sont les avantages et les inconvénients ?
- Pouvions-nous développer notre propre solution ou étions-nous contraints d'utiliser l'existant ?

Nous avons donc consacré les deux premiers mois de notre projet à répondre à ces questions. Nous avons fait des recherches sur l'existant, développé des programmes de test afin d'essayer certaines voies d'exploration, pour enfin choisir la direction à prendre. Les parties qui suivent sont un résumé des solutions que nous avons pris en compte pour notre choix définitif.

3.1. Solution de CrossCommExe :

17

La première voie d'exploration fut internet .Nous avons trouvé un seul projet se rapprochant de ce nous voulions faire. Ce projet fut développé dans IMERIR (Institut Méditerranéen d'Etude et de Recherche en Informatique et en Robotique). Dans cette solution, nous sommes inspirés de l'existence de la technologie sur laquelle repose DCOM (Distributed Component Object Model) pour communiquer sur le réseau grâce au RPC (Remote Procedure Call) qui nous permet d'exporter sur le réseau des fonctions et des variables. Ainsi un client distant peut utiliser des fonctions qui sont implémentées sur un serveur comme si elles étaient locales. Ainsi nous pourrons appeler les méthodes de l'interface du composant CrossCommExe depuis un client distant. Pour plus de détails sur ce point voir la partie réalisation. Grace à une proposition de nos encadreurs nous avons pu essayer cette solution.

La Figure 8 [2] représente la façon dont les différentes entités sont reliées :

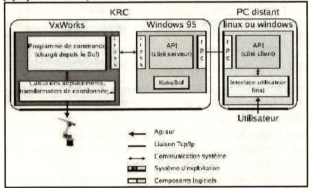

Figure 8 : Architecture de la solution CrossComExe

3.2. vxWorks

Les recherches sur internet ont aussi évoqué la possibilité de communiquer directement avec le système temps réel de KUKA : **vxWorks**. Nous ne nous attarderons pas à expliquer cette solution, elle fut rapidement écartée à cause du manque de documentation et l'absence de programmes d'exemple. En effet, cette solution touche de très près le cœur du système du robot et KUKA garde les informations afin de protéger leur technologie.

3.3. Communication Ethernet en utilisant l'Ethernet RSI XML

D'autre part, M. Houssein avait suggéré d'utiliser le programme Ethernet RSI XML propriétaire de la société KUKA afin d'établir une connexion entre le système externe et l'armoire de robot. L'implémentation de cette solution nécessite deux processus .Un premier processus pour écouter les requêtes c'est le serveur, qui tourne sur PC portable, et qui est en attente d'un ordre .Ce processus est lancé depuis une interface développé par la technologie. Net en langage *C#*. L'autre est un processus client qui envoie les ordres au programme de commande. Il tourne par défaut sur le système d'exploitation du robot. Ethernet RSI XML est intégré et implémenté en langage KRL. Il est basé sur ensemble d'objet qui permet de contrôler une position, la vitesse, la transformation des repères, et les opérations de comparaison etc.

18

Parmi ces objets, il existe un objet de communication nommé *''ST_ETHERNET''*. Si cet objet signal est activé, l'armoire de robot se connecte au système externe en tant que client. Le robot initialise l'échange de données cycliques puis il transfère les paquets de données KRC au système externe dans l'interpolation de 12 ms. Le système externe doit répondre avec un paquet de données qui lui est propre. Les deux parties échangeront leurs données sous la forme de chaines XML. Après avoir étudié et comprendre les solutions existantes nous avons choisi d'utiliser cette solution pour commander le robot à distance vu qu'elle est la plus simple.

La Figure 9 suivante illustre l'idée de notre solution adaptée :

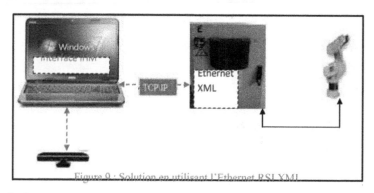

Figure 9 : Solution en utilisant L'Ethernet RSI XML

Conclusion

Dans un premier lieu, Nous avons définis dans ce premier chapitre l'architecture logicielle et matérielle du robot KUKA. Egalement, nous avons précisé ce que nous devons faire et par quels moyens. De même, nous avons identifié les deux majeurs problèmes rencontré au cours de notre projet c'est de la communication à distance et la complexité du traitement visuel.

Dans un second lieu, nous avons recensé quelques solutions de la communication à distance qui ont été conçu par d'autres personnes dans leurs projets comme la solution adapté par IMERIR. Après une longue recherche et l'établissement d'un comparatif entre les solutions nous avons choisis comme solution de communication à distance : la communication Ethernet en utilisant le programme propriétaire de la société KUKA. Cette solution était proposée par le représentant de la société INTELLIGENT ROBOTS Mr. Houssein LAMINE.

Dans le chapitre suivant nous allons définir les théories adaptées pour la communication du robot à distance. Aussi, nous allons décrire la force des algorithmes de traitement visuel pour la détection des objets et l'identification de leurs positions dans l'espace.

Chapitre 2

Théorie et Conception

Introduction

Dans ce deuxième chapitre, nous allons définir les notions de base et les théories pour les grandes parties de notre projet celle de la communication à distance et celle du traitement d'image en utilisant le Kinect.

Par la suite, nous allons spécifier les programmes et les algorithmes employé afin d'intégré les notions définis dans une solution globale.

Enfin, nous allons décris notre solution du projet par une modélisation UML afin de faciliter la phase de réalisation.

1. Théorie

Dans cette partie, nous allons introduire les notions de base concernant le principe de communication à distance ainsi que les différents algorithmes implémentés pour le traitement visuel grâce à une simple prise d'image par le Kinect. Nous détaillerons par la suite tous les notions et les théories qui ont été utiles pour développer une solution complète et cohérente. Nous allons commencer à introduire dans un premier lieu, les principes de la communication à distance puis dans un second lieu nous allons préciser les algorithmes de traitement visuel.

1.1. Les Notion de Base pour la communication à distance

Dans un premier lieu, nous avons définie le programme ultime développé par KUKA pour établir la communication avec le système externe : Ethernet RSI XML. Dans un second lieu, nous avons introduit le standard Ethernet IEEE 802.3 et le protocole de transmission TCP\IP. Egalement, nous avons définie l'architecture Client-serveur responsable à l'échange des données entre la baie de commande KR C1 et l'ordinateur portable.

1.1.1. Description de l'API RSI (RobotSensorInterface) :

RSI donne une interface uniforme pour diverses applications de capteurs. Contrairement au cas habituel, ou le système de capteur est relié par l'intermédiaire d'interfaces externes, ici le capteur est intégré et implémenté dans le langage KRL. C'est un système ouvert avec un maximum de flexibilité : il peut être adapté ou agrandi pour accueillir pratiquement n'importe quel type de nouveau capteur. RSI est un objet-orienté, c'est-à-dire que ses commandes sont utilisées pour créer des objets et modifier leurs caractéristiques. Une fois les objets ont été créés et activés, ils sont ensuite évalués en parallèle avec un programme en cours d'exécution. Les objets RSI permet de contrôler une position, la vitesse, la transformation des repères, et les opérations de comparaison etc. RSI est modulaire, c'est –à-dire que des nouvelles solutions peuvent être développée à partir des composants existant. Son champ d'application des fonctions est extensible.

La Figure 10 [3] suivante illustre la structure et l'intégration du RSI dans le langage KRL :

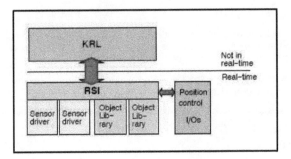

Figure 10 : Interaction du RSI avec le Langage KRL

1.1.2. Module Ethernet pour le programme RSI :

Ethernet-RSI C'est un module qui permet l'acquisition des données de capteur provenant d'un émetteur distant via l'interface Ethernet. En plus, ce module permet aux programmes KRL de transmettre des données à un récepteur à distance via une connexion Ethernet.

La Figure 11 [4] suivante illustre la mise en œuvre fonctionnelle de l'Ethernet RSI :

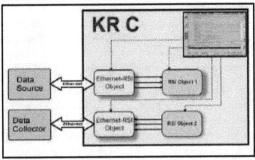

Figure 11 : Intégration de l'Ethernet-RSI

Le module Ethernet RSI est une option additionnelle au programme RSI avec les fonctionnalités et les caractéristiques suivantes :

- La transmission de données cyclique de l'armoire de robot à un système externe dans un cycle d'interpolation de 12 ms, exemple : données de position, des angles d'axes, etc.
- La transmission de données cyclique d'un système externe à l'armoire de robot dans un cycle d'interpolation de 12 ms, exemple : données de capteur.
- Construction des objets RSI pour la communication avec un système externe conforme avec KUKA RobotSensorInterface (RSI).
- Module de communication avec l'accès à la norme Ethernet.
- Les entrées et les sorties de l'objet de communication sont librement définis.

- Surveillance du temps d'échange de données
- Une trame de données extensible qui est envoyé vers le système externe. La trame de données se compose d'une section fixe qui est toujours envoyé et une section librement définissable.
- L'armoire de robot communique avec le système externe par l'intermédiaire d'une liaison réseau temps réal point-to point. Les données échangées sont transmises via Ethernet TCP/IP comme des chaines XML.

Malheureusement, nous n'avons pas pu installer L'Ethernet RSI à cause d'un problème de livraison de la part de la société KUKA. Nous avons contacté le service technique de la société pour une demande d'achat mais ils n'ont pas livré le produit.

1.1.3. La norme Ethernet IEEE 802.3

Le FastEthernet 100Mbit/s sur paire torsadée est le standard actuel de transmission de donnée pour réseau locale. Tous les ordinateurs d'un réseau Ethernet sont reliées à une même ligne de transmission est la communication se fait à l'aide du protocole CSMA/CD (Carrier Sense Multiple Access with Collision Detection).

1.1.3.1. Support physique

Le support physique présente le médium utilisé pour la transmission des données. Il occupe la première couche selon le modèle OSI (Open Systems Interconnections) : c'est la couche physique. La Figure 12 suivante illustre la couche physique du modèle OSI :

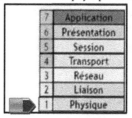

Figure 12 : La couche physique du modèle OSI

Dans notre projet, nous avons utilisé le câble réseau Ethernet RJ45 croisé. Son type de montage nous permettra de relier directement deux ordinateurs entre eux sans passer par un hub ou un Switch. La Figure 13 suivante illustre une prise RJ45 avec un branchement croisé :

Figure 13 : Une prise RJ45 avec un branchement croisé

23

1.1.3.2. Couche liaison :

La couche liaison responsable au contrôle de la communication : adressage, gestion de flux et définit quand on peut émettre etc. La couche liaison occupe la deuxième couche du modèle OSI. Tous les ordinateurs d'un réseau Ethernet sont reliés à une même ligne et la communication se fait à l'aide d'un protocole **CSMA/CD** accès multiple avec surveillance de la porteuse et détection de collision. Avec ce protocole toute machine est autorisé à émettre sur la ligne à n'importe quel moment et sans notion de priorité entre les machines. Chaque machine vérifie qu'il n'y a aucune communication sur la ligne avant d'émettre. Si deux machines émettent simultanément, alors il y a une collision (plusieurs trames de données se trouvent sur la ligne au même moment). Les deux machines interrompent leur commination et attendent un délai aléatoire. Pour que CSMA/CD fonctionne bien, le temps de propagation doit être inférieur à la moitié de la durée du plus petit message. Ce temps ce traduit par une longueur maximal de câble.

$$Tp < Tm/2$$

Le plus petit message sur Ethernet est long de 72 octets. L'équation suivante le calcul du message le plus court :

$$Tm \geq nombre\ de\ bits\ de\ message/débit$$

Le débit est de 100Mbit/s, donc Tm = 5.76 µs. Dans la pratique, pour Ethernet 100Mbit/s on recommande de limiter la longueur des liaisons à 100m. On recommande de limiter la longueur des liaisons à 100m. Le protocole CSMA/CD est peu

efficace pour la transmission des petits messages (inférieurs à 72 octets). Cependant, CSMA/CD reste très rapide 5.76µs pour un message est un très bon résultat. De plus, il est bien adapté à la topologie en bus.

Il existe deux types de format des trames :
- Le format IEEE 802.3
- Le format Ethernet II (le plus courant)

La Figure 14 suivante illustre le format IEEE 802.3 de la trame Ethernet :

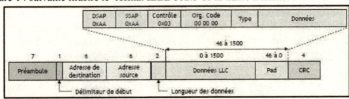

Figure 14 : Le format IEEE 802.3

La Figure 15 suivante illustre Le format Ethernet II de la trame Ethernet :

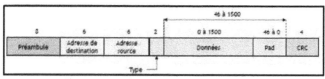

Figure 15 : Le format Ethernet le plus courant

1.1.4. Le protocole TCP/IP :

C'est un protocole de contrôle de transmission de donnée le plus répandue. Il permet de découper les informations à transmettre en paquet, les adresser, de les transporter indépendamment les uns des autres et de recomposer le message initial à l'arrivée.

Le protocole TCP/IP est l'association de deux protocoles : IP (Inter-Network Protocol) représente le protocole réseau pour l'acheminement de datagrammes entre les réseaux. L'objectif lors de sa conception est de créer un protocole utilisable sur toutes les technologies sous-jacentes. Exemple : Ethernet, Wifi, ADSL, liaison série/modem etc.

Le TCP (Transmission Control Protocol) représente le protocole de transport. Il permet le contrôle de l'acheminement réseau de bout en bout. Le protocole TCP offre une connexion point à point seulement : pas de diffusion avec TCP. De même, il offre une transmission bidirectionnel c'est à dire que Les deux stations engagées dans un échange TCP peuvent envoyer et recevoir des données. Le Protocole TCP assure aussi une transmission faible en utilisant un mécanisme d'acquittement.

1.1.5. Architecture Client-serveur :

Dans le cas général, un système ouvre un **"socket"** qui est un point d'accès à une connexion TCP et se met en attente passive de demandes de connexion d'un autre système. Ce fonctionnement est communément appelé ouverture passive, et est utilisé par le coté serveur de la connexion. Le coté client de la connexion effectue une ouverture active en 3 temps :

1. Le client envoie un segment SYN au serveur.
2. Le serveur lui répond par un segment SYN/ACK.
3. Le client confirme par un segment ACK.

La Figure 16 suivante illustre une ouverture de connexion TCP :

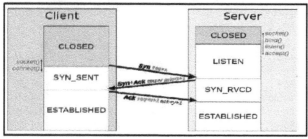

Figure 16 : Ouverture de connexion

Durant l'échange initial, les numéros de séquence des deux parties sont synchronisés. Au début, le client utilise son numéro de séquence initial dans le champ Numéro de séquence du segment SYN (x par exemple).puis, le serveur utilise son numéro de séquence initial dans le champ Numéro de séquence du segment SYN/ACK (y par exemple) et ajoute le numéro de séquence du client plus un (x+1) dans le champ d'acquittement du segment. Enfin, le client conforme en envoyant un ACK avec numéro de séquence augmenté de un (x+1) et un numéro d'acquittement correspondant au numéro de séquence du serveur plus un (y+1).

1.2.   La vision assistée par ordinateur :

Dans cette partie, nous allons introduit la théorie concernant le camera Kinect. Nous allons commencer par une simple présentation du Kinect. Puis nous définirons son mode de fonctionnement .Egalement nous allons décrire la phase d'installation du Kinect. Enfin, nous allons introduire le principe de reconnaissance de l'objet grâce à l'algorithme Sift.

1.2.1. Présentation du Kinect :

Le camera kinect est outil très performant pour l'acquisition et la détection de mouvement et d'objet dans l'espace. La Figure 17   illustre une vue perspective du camera Kinect :

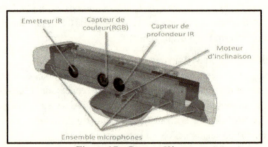

Figure 17 : Camera Kinect

L'entreprise Informatique Microsoft a lancé le capteur Kinect pour la console XBOX 360 en février 2012, de même elle a lancé une nouvelle version adaptée pour un PC [5]. Ce capteur était destiné pour être un dispositif de capture de mouvement pour commander les jeux vidéo via le XBOX 360[6].

Ce capteur est constitué de quatre composants principaux visuels qui sont une caméra RGB, une caméra de profondeur 3D composé d'une source de lumière IR, un moteur d'inclinaison et un ensemble de microphones (Figure 17). On peut dire que cette technologie très avance grâce à son processeur : PS1080. Ce dernier est créé par la société *Prime Sense* et son rôle est assez important car c'est celui qui va gérer les différents composants et qui va déterminer la profondeur, en exécutant des algorithmes de calcul parallèles complexes à déchiffrer la lumière reçue de codage les modèles infrarouges, afin de produire une image VGA   de   profondeur.

A cause de piratage Kinect devient au service de tout le monde surtout les amateurs de programmation. Il suffit d'avoir Kinect et un ordinateur votre créativité va agir et pousser à créer plusieurs applications a titre d'exemple déplacer la souris par mouvement de main ou commander un petite robot par le parole. La Figure 18 illustre le schéma du processeur PS 1080 :

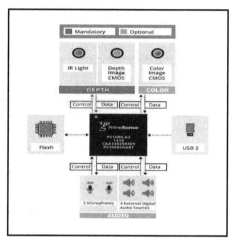

Figure 18 : Architecture du PS 1080

Parmi les caractéristiques Techniques du Kinect, nous pouvons citer :

Les caractéristiques du capteur :
- Lentilles détectant la couleur et la profondeur ;
- Microphone à reconnaissance vocale ;
- Capteur motorisé pour suivre les déplacements ;

Le champ de vision :
- Champ de vision horizontal : 57 degrés ;
- Champ de vision vertical : 43 degrés ;
- Marge de déplacement du capteur : ± 27 degrés ;
- Portée du capteur : 1.2m – 3.5m ;

Le flux de données :
- 320×240 en couleur 16 bits à 30 images/sec ;
- 640×480 en couleur 32 bits à 30 images/sec ;
- Audio 16 bits à 16 kHz ;

Système de reconnaissance physique :
- Jusqu'à 6 personnes et 2 joueurs actifs ;
- 15 articulations par squelette ;
- Application des mouvements des joueurs sur leurs avatars Xbox Live ;

Audio :

- Chat vocal Xbox Live et chat vocal dans les jeux ;
- Suppression de l'écho ;
- Reconnaissance vocale multilingue ;

1.2.2. Mode de fonctionnement :

Le Kinect permet de capturer et visualiser simultanément une image couleur RGB et une image profondeur. Le capteur de profondeur du kinect est composé d'une source laser de lumière infrarouge qui projette un motif de points et d'une caméra IR qui reçoit la l'image reflété de l'objet. La distorsion entre le motif émis et celui reçu est utilisée pour reconstruire la valeur de chaque rayon réfléchi. Le capteur de profondeur convertit les intensités en distance et génère une grille de 640 x 480 en une résolution VGA contenant des valeurs sur 11 bits (ce qui permet de fournir 2.048 niveaux de sensibilités) et ceci à une fréquence moyenne de 30 frames par seconde.

La résolution de la dimension de profondeur, selon l'axe z, est mesurée en centimètres par contre la résolution spatiale, selon les axes x et y, est mesurée en millimètres [2]. L'image couleur est fournie dans les mêmes résolutions et les mêmes fréquences que celles du flux de profondeur. Toutefois, les deux flux ne se correspondent pas naturellement à cause des différents paramètres intrinsèques et extrinsèques des deux caméras du Kinect c'est à dire le caméra RGB et le caméra IR. Ceci rend la phase de calibrage une étape indispensable afin d'aligner les deux signaux.

1.2.3. Installation du kinect :

Pour installer le capteur sur notre ordinateur, nous avons constaté qu'il existe trois méthodes dont nous avons installé la troisième. Dans ce qui nous allons définir les différentes méthodes :

➤ Méthode 1 :

Pour cette première méthode, nous devons installer le SDK officiel. Le SDK est développé par Microsoft. Ainsi, il est avantageux de travailler sur les système d'exploitation Windows.

➤ Méthode 2 :

OpenKinect a été libéré bien avant le SDK officiel en tant que périphérique Kinect et qui a été piraté sur le premier ou le deuxième jour de sa sortie.

➤ Méthode 3 :

Nous devons installer l'*openNI*. Le Framework *OpenNI* est une couche abstraite capable de s'interfacer avec différents types de matériel qui permettent de fournir des fonctions pour le développement d'applications utilisant des interactions naturelles. Pour un fonctionnement correct, il faut installer des modules implémentant certaines couches ou fonctionnalités du Framework. La Figure 19 schématise l'architecture du Framework. En principe, OpenNI supporte quatre types de matériel :

- des capteurs 3D tels que la Kinect ;
- des caméras RGB comme celle intégrée dans la Kinect ;
- des caméras infrarouges ;
- des appareils audio (microphone ou réseau de microphones) [7]

Cependant, l'*openNI* seul ne peut pas faire fonctionner le kinect car il a besoin de module matériel *SensorKinect*, qui lui est capable d'acquérir le flux de données de capteur. Aussi, il lui faut un middleware **NITE**. Au cours d'installation il faut respecter l'ordre d'installation, on commence d'installer *openNI* puis *NITE* et nous finissons par *SensorKinect*. Figure 19 schématise l'architecture du Framework :

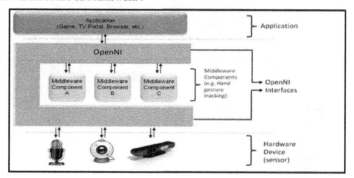

Figure 19 : Fonctionnement en couche de l'OpenNI [3]

1.2.4. Algorithme de reconnaissance Sift :

Dans cette partie, nous allons expliquer, l'algorithme de reconnaissance Sift. Nous avons implémenté son principe dans une interface Matlab. Le **Sift** est caractérisé par sa robustesse au niveau de la variation de l'échelle et au niveau de l'orientation de l'image. Dans ce qui suit nous allons mis l'accent sur l'algorithme du **Sift.**

1.2.4.1. Les Description général :

La fonction invariante échelle transformer, SIFT [8], transforme une image dans un grand ensemble de compacts descripteurs. Chaque descripteur est formellement invariant de traduction images, rotation et zoom. Les descripteurs relatives au SIFT ont également révélé être robuste pour une grande famille de transformations d'image, tels que les changements affines de point de vue, le bruit, le flou, les changements de contraste, la déformation de la scène, tout en restant suffisamment discriminante pour les besoins de la comparaison.

L'algorithme, comme généralement conçu, se compose de deux opérations successives: la détection des points intéressants (points-clés) et l'extraction d'un descripteur à chacun d'eux. Étant donné que ces descripteurs sont robustes, ils sont généralement utilisés pour l'appariement des images. Bien que le stade de la comparaison ne soit pas strictement dans l'algorithme SIFT, il est inclus dans la partie de correspondance « Matchs » qui se base sur la différence euclidienne entre les descripteurs de points clés. La Figure 20 suivante une pile   d'image   avec   augmentation   de   flou   :

29

Figure 20 : une Pile d'image avec l'augmentation de flou

1.2.4.2. Le principe de l'algorithme :

À partir d'une représentation multi-échelle de l'image (par exemple, une pile d'images avec l'augmentation de flou (Figure 20), SIFT détecte une série de points clés principalement sous la forme de structures « *blob-like* » et localise avec précision leur centre (x, y) et leur échelle caractéristique « σ ». Ensuite, il calcule la dominante orientation « θ » sur une zone qui entoure chacun de ces point-clé. La connaissance de $(x, y, \sigma; \theta)$ permis de calculer un descripteur local du voisinage de chaque point clé. D'un correctif normalisé autour de chaque point clé, SIFT calcule un descripteur de point clé qui est invariant à toute traduction, rotation et d'échelle. Le descripteur code la distribution de gradient spatial autour d'un point clé d'un vecteur de 128 dimensions. Ce vecteur de caractéristique compact est utilisé pour faire correspondre rapidement et vigoureusement les points clés extraits de différentes images. La Figure 21 illustre la correspondance des points clé :

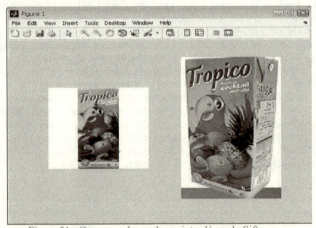

Figure 21 : Correspondance des points clé par le Sift

1.2.4.3. La chaine algorithmique :

Afin d'atteindre l'invariance d'échelle, SIFT s'appuie sur la gaussienne espace -échelle: une représentation d'image multi simulant la famille de tous les zooms possibles à travers versions de plus en plus floue de l'image d'entrée. En ce cadre multi populaire, le noyau gaussien agit comme une approximation du flou optique introduit par une caméra (représenté par sa fonction d'étalement de point). Ainsi, la gaussienne espace-échelle peut être interprété comme une pile d'images, chacune d'elles correspondant à un facteur de zoom différent. Afin de produire des traductions et des descripteurs invariants d'échelle, les structures doivent être sans ambiguïté situé, à la fois à l'échelle et la position. Cela exclut les bords de l'image et les coins, car ils sont la traduction ou structures invariants d'échelle et ne peuvent donc pas être liés à un triplet « c » spécification (x, y, σ). Cependant, les zones (blobs) de l'image ou les structures locales, plus complexes caractérisés par leur position et leur taille, sont les structures les plus adéquatées pour SIFT.

La détection et la localisation des points clés se fait par extraction de l'extrema d'un opérateur différentiel appliqué à l'espace de l'échelle. L'opérateur différentiel utilisé dans l'algorithme SIFT est la différence de gaussiennes (DOG). L'extraction de l'extrema continu se compose de deux étapes: La première, la représentation de DOG est analysée pour l'extrema discret. Cela donne une première localisation grossière des extrema continu, qui sont ensuite raffinés à la précision sous-pixel en utilisant un modèle quadratique locale. Comme il ya beaucoup de phénomènes qui peuvent conduire à la détection des points clés instables, SIFT intègre une cascade de tests pour ignorer les moins fiables autres. Seuls ceux qui sont précisément situé et suffisamment contraste sont conservé. La deuxième étape rejetant la différence: Le rejet de l'extrema avec petit valeur de DOG et le rejet de points clés candidats placées sur les bords.

SIFT invariance de rotation est obtenue en affectant une orientation de référence point clé. Cette référence est calculée à partir de l'orientation de la pente sur un quartier de points clés. Enfin, la distribution spatiale du gradient à l'intérieur d'un timbre orienté est codée pour produire le descripteur de points clés de SIFT. Ceci termine la chaîne algorithmique qui définit l'algorithme SIFT.

1.2.4.4. Résumé de l'algorithme Sift :

Calculer la gaussienne espace-échelle

Entrée : Image

Sortie : espace-échelle

Calculer la différence de gaussiennes (DOG)

Entrée : espace-échelle

Sortie :DOG

Raffiner l'emplacement de points clés candidat avec une précision sous-pixel
Entrée :DOG et { (x_d, y_d, σ_d) } la liste d'extrema discret
Sortie : { (x, y, σ) } liste des interpolée extrema

Filtrer les points clés instables placées sur les bords
Entrée : DOG et { (x, y, σ) }
Sortie : { (x, y, σ) } liste des points clés filtrés

Attribuer une orientation de référence pour chaque point clé
Entrée : gradient espace-échelle et { (x, y, σ) } liste des points clés
Sortie : { (x, y, σ, θ) } liste des points clés orientés

Construire le descripteur des points clés invariant
Entrée : gradient espace-échelle et { (x, y, σ) } liste des points clés
Sortie : { (x, y, σ, f) } liste des points clés décrites

2. Spécification et Analyse du concept globale de notre solution

Dans cette partie, nous allons définir le concept de notre solution qui permet de contrôler les déplacements du robot à partir d'un système externe via une communication réseau locale basé sur la norme Ethernet IEEE 802.3 en utilisant le protocole TCP/IP par un traitement visuel grâce au camera Kinect. La solution adapté est la plus simple vu qu'elle ne touche pas aux prés le cœur de système d'exploitation. Egalement, Il s'agit pas ni de partager les variables d'environnement du KRC, ni d'accéder aux fonctions qui permettent de voir ou de modifier les variables système via le Cross.

32

Pour réussir d'appliquer convenablement notre solution dans un tel contexte, il fallait faire une configuration matérielle et logicielle dans l'armoire de commande de robot. Aussi, nous devons installer les SDK nécessaire pour le bon fonctionnement et l'acquisition d'image du kinect. Tous d'abord, la baie de commande doit être de type : KR C1. La présence d'une carte multifonction MFC qui gère les entrées sorties du système est nécessaire. Ensuite, il faut vérifier que le logicielle KUKA system software KSS 5.5 est bien installé. Nous avons choisis comme support physique de transmission le câble croisé de type RJ45.Ce dernier assure une connexion directe.

En plus, nous avons installé sur la baie de commande une carte réseau de type 3comm compatible avec 10/100 Mbits en mode duplex. En outre, nous avons choisis un PC portable DELL INSPIRON N5010 comme système de communication externe. Ce dernier assure une communication en temps réel via le protocole TCP/IP et facilite la génération des chaines XML grâce la technologie .Net XML Parser. Enfin, nous avons installé le programme RSI. : Ethernet RSI XML. C'est une API importante pour la transmission, le traitement, et la réception du fichier XML.

2.1. L'objet ST_ETHERNET de RSI :

L'objet ST_ETHERNET est un outil de développement dans l'API RSI et possède les fonctionnalités suivantes :

- Affiche un message dans le cas ou le paquet de donnée arrive en retard acyclique.
- Exige deux modes d'échange de données : ''Mode manuelle Normale'' et ''Mode manuelle Rapide''.
- Définir les paramètres de communication dans fichier XML.
- L'utilisateur défini l'affectation des objets d'entrées et des sorties.
- La sélection de protocole de transfert : TCP ou UDP.
- La communication bidirectionnelle et unidirectionnelle.

La communication en temps réel entre le robot et le système externe est implémentée en utilisant L'objet ST_ETHERNET. Ce dernier doit être créé, lié et configuré dans le programme KRL. Lors de la création de l'objet RSI ST_ETHERNET la connexion avec le système externe est établie .la connexion est interrompue uniquement lorsque ST_ETHERNET est supprimé. Les éléments de l'objet ST_ETHERNET :

- Les paramètres d'initialisation qui sont affectées lorsque ST_ETHERNET est créé.
- Les objets d'entrées pour le chargement de données et le transmettre au système externe.
- Les objets de sorties pour transmettre les données reçues du système externe aux objets RSI.
- Fichier de configuration XML pour la configuration des entrées et des sorties.

Lorsque le signal de l'objet ST_ETHERENT est activé, ST_ETHERNET envoie et reçoit les données définies par l'utilisateur dans un cycle d'interpolation. La figure suivante illustre la transmission de données entre le système externe et l'objet ST_ETHERNET durant un cycle d'interpolation. La Figure 22 illustre l'interpolation de l'objet ST_ETHERNET avec le PC :

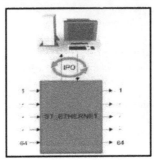

Figure 22 : Cycle d'interpolation de l'objet avec le PC

2.2. Installation du Kinect fixe dans l'Environnement du robot :

Dans ce paragraphe, nous allons définir l'installation du Kinect dans un environnement de travail choisi prêt du robot. Pour avoir des bons résultats dans la partie vision, nous devons mettre en considération le choix de positionnement du Kinect.

Pour faciliter la tache d'extraction de l'objet, l'image doit contenir plus d'information sur ce dernier. En se basant sur cette idée et avec les tests et les moyens disponible, nous avons installé le Kinect sur deux table l'une sur l'autre pour avoir une bonne stabilité d'un coté et d'avoir un champ de vision optimal d'une autre coté. Nous avons ajusté ce champ grâce à une option fournit par le moteur d'inclinaison de Kinect qui fait varier l'angle de vision de Kinect et que nous pouvons l'exécuter à partir d'un bout de code dans l'ordinateur. La Figure 23 illustre notre choix pour le positionnement du Kinect :

Figure 23 : Choix de la position de Kinect

3. Conception

Dans cette partie nous allons définir une Conception de notre application pour la commande et l'extraction visuelle du Robot KUKA à base d'une modélisation UML (Unified Modeling Language) qui est un langage de modélisation graphique apparue dans le monde de génie logiciel. C'est standard qui facilite la représentation d'une architecture logiciel et qui spécifie les éléments nécessaires pour au bon développement d'un logiciel orienté objet. Nous nous sommes contentés de faire une vision globale du comportement fonctionnel de notre application. Ainsi que   les interactions entre les acteurs et le logiciel selon un ordre chronologique. Nous avons utilisé un logiciel de conception : ''*PowerAMC* '' qui permet de modéliser des données informatiques.

3.1.   Diagramme de séquence :

Le Diagramme de séquence représente graphiquement les interactions entre les acteurs et les fonctionnalités du logiciel .La Figure 24 illustre notre proposition du diagramme de séquence :

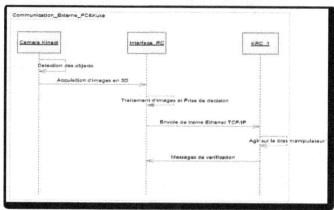

Figure 24 : Diagramme de séquence

3.2.   Diagramme de cas d'utilisation :

Ce diagramme représente les relations entre les acteurs et les fonctionnalités du system .la Figure 25 illustre notre proposition du diagramme cas utilisation :

35

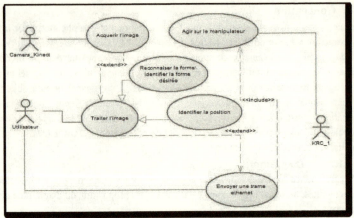

Figure 25 : Diagramme de cas d'utilisation

Conclusion

A ce stade, nous avons définis les notions principales pour la communication à distance et pour le traitement d'image. Egalement, nous avons nous défini le concept de notre solution qui permet de contrôler les déplacements du robot à partir d'un système externe via une communication réseau locale basé sur la norme Ethernet IEEE 802.3 en utilisant le protocole TCP/IP.

De même, nous avons défini une conception de notre application pour la commande et l'extraction visuelle du Robot KUKA à base d'une modélisation UML.

Reste maintenant, à implémenter notre conception dans une interface logiciel. Ceci sera décrit dans le chapitre suivant concernant la partie réalisation.

Chapitre 3

Réalisation

Introduction

Après avoir modélisé notre solution par une modélisation UML, nous allons introduire dans ce chapitre la phase de réalisation.

Dans ce chapitre, nous allons décrit dans un premier lieu l'implémentation et la force des algorithmes de traitement d'image et les résultats que nous avons obtenu en terme du pourcentage d'erreur et d'efficacité du traitement visuel.

Dans un second lieu, nous allons décrit la réalisation de deux solutions : la première c'est celle qui a été basé sur le programme propriétaire de la société KUKA : c'est L'Ethernet RSI XML. Et la deuxième, qui est indépendante de cet API KUKA et qui consiste à développer une API bas niveau compréhensible par le KSS.

1. Réalisation de la partie vision

Dans cette partie, nous allons définir toutes les opérations qui ont été réalisé pour le traitement visuel par la caméra Kinect. Nous allons commencer par introduire l'acquisition, puis nous passerons à définir l'arrière plan, effectuerons l'opération d'étiquetage et d'appliquer la matrice de passage pour détecter la position de l'objet.

Tout le problème réside à l'implémentation d'un système capable de détecter un objet que le nous fixerons initialement, c'est-à-dire, que nous avons récupéré l'image de cet objet. Une fois l'image est récupérée, nous effectuerons une comparaison grâce à un algorithme assez puissant pour reconnaissance d'objet. Nous définirons par la suite sa position dans le repère de Kinect. Enfin, à l'aide d'une matrice de passage nous obtiendrons les coordonnées de l'objet dans le repère robot.

1.1. Acquisition des données :

L'acquisition des données est la première étape pour le traitement visuel de détection d'objet. Cette phase consiste à acquérir des données à partir du monde réel (environnement du robot). Autrement dit, cette étape sert à transformer une observation d'un objet physique effectuée par un capteur Kinect en un flux de données pour la phase de traitement suivante.

1.2. Détection des objets :

La détection d'objet est la phase la plus importante dans notre traitement d'image. En effet, elle consiste à déterminer le nombre des objets existant dans le champ de vision du Kinect. Nous avons obtenu un faible pourcentage d'erreur dans la détection des objets et ceci est du à l'incompatibilité de la caméra Kinect avec le système d'exploitation Windows puisque la caméra était destiné à être adapté avec le Xbox. Ainsi, pour avoir un faible pourcentage d'erreur nous devons suivre les étapes qui suivent :

1.2.1. Définir l'arrière plan :

Tout d'abord, nous devons définir notre arrière plan. Nous avons travaillé dans un environnement bien métrisé c'est-à-dire, que le Kinect est fixe. L'arrière plan nous aide à détecter le changement de l'image lorsque nous placerons les objets. Nous avons pris par exprès un arrière plan sale pour montrer la robustesse de notre traitement. La Figure 26 illustre notre arrière plan pris par le capteur :

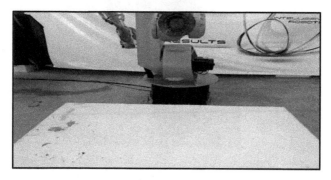

Figure 26 : l'arrière plan pris par le Kinect

1.2.2. Soustraction de l'arrière plan après la mise des objets :

A ce stade, nous avons mis les objets sur la table et par une opération de soustraction, nous allons soustraire l'image de l'arrière plan avec celle pris en présence des objets. Nous obtiendrons par la suite une image qui contiendra des objets seulement. C'est à partir de cette image que tout le traitement qui se suit est appliqué. La Figure 27 illustre l'opération de soustraction :

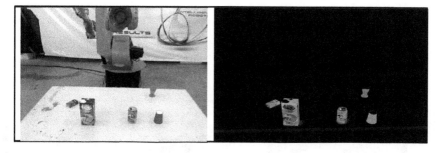

Figure 27 : Soustraction de l'arrière plan après la mise des objets

1.2.3. Binarisation :

Apres avoir extraire les objets nous allons faire une opération de binarisation. Cette phase consiste à obtenir une image noir et blanc qui nous facilite d'applique l'algorithme d'étiquetage dans la phase suivante. La Figure 28 illustre l'image binarisé.

Figure 28 : Image binarisé

1.2.4. Les opérateurs morphologiques :

Cette étape à appliquer une procédure de   nettoyage à l'image binarisé. C'est une transformation au niveau de la valeur d'un pixel de l'image en fonction de la valeur de ses voisins. C'est-à-dire, si nous avons un pixel blanc entouré par plusieurs pixels noirs alors nous obtenons un bruit qu'il faut l'éviter sinon nous risquons d'avoir des erreurs dans la phase d'étiquetage. Selon   notre besoin nous faisons une dilatation ou une érosion pour avoir la bonne image binaire. Ceci garantie la d'avoir des bonnes résultats avec un faible pourcentage d'erreur.

Ainsi, nous devons utiliser un élément structurant « ES ». Il s'agit d'un masque binaire.

$$ES = \begin{pmatrix} 0 & 1 & 0 \\ 1 & 1 & 1 \\ 0 & 1 & 0 \end{pmatrix}$$

La Figure 29 illustre comment l'image bruité était bien nettoyé par l'opérateur morphologique :

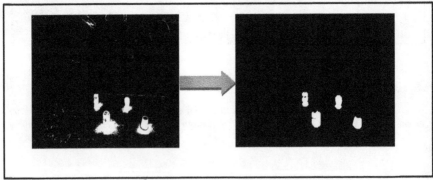

Figure 29 : Image nettoyé par l'opérateur morphologique

1.2.5. L'étiquetage :

Enfin, nous avons arrivé à la dernière étape de la détection d'objet : c'est l'étiquetage. Cette phase doit détecter la présence des objets et de déterminer par la suite le nombre d'objet. La Figure 30 illustre l'algorithme d'étiquetage:

```
[N, M]=Taille de IM : Taille de l'image binaire à étiqueter

E(N,M)==1000 : Initialiser l'image des étiquettes, cette image est de même taille que IM.

NE=1 : Première étiquette
Tant que (condition =vrai)
Premier parcours
Pour i=2 à N
        Pour j=2 à M
                Si ( IM(i,j)==1 )   alors
                        T1=[E(i-1,j) E(i,j) E(i,j-1)]
                        Si ( min(T1)<1000 )        alors    E(i,j)=min(T1)
                                                   sinon    E(i,j)=NE
                                                            NE=NE+1
                                            Fin
                Fin
        Fin
Fin
Deuxième parcours
Pour i=N-1 à 1
        Pour j=M-1 à 1
                Si ( IM(i,j)==1 )   alors
                        T2=[E(i+1,j) E(i,j) E(i,j+1)]
                        E(i,j)=min(T2)
                        Fin
        Fin
Fin
Fin tant que
```

Figure 30 : Résultat d'étiquetage

41

La Figure 31 suivante illustre le résultat obtenu :

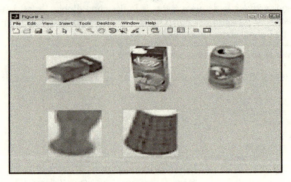

Figure 31 : Algorithme d'étiquetage

1.3. Reconnaissance :

A ce stade, la phase de reconnaissance consiste à faire une comparaison entre les caractéristiques obtenues de l'étiquetage avec celles issues de la base de données. Nous avons commencé par définir une image de l'objet désiré dans une base de données et qui sera appelé. Puis, nous avons appliquons l'algorithme de reconnaissance SIFT afin le descripteur de l'image contenant les caractéristiques des points clé de l'objet.

Nous avons trouvé une implémentation rapide de SIFT qui facilite cette tache. L'implémentation est basée sur la bibliothèque open source *VLFeat*. Elle met en œuvre des algorithmes de vision, y compris *SIFT*, *MSER* (Régions extrémales au maximum stables) et d'autre algorithme plus avancé. Elle est écrite en langage C pour qu'elle soit compatible avec les interfaces dans MATLAB sous Windows, Mac OS X et Linux.

En fin, nous obtenons un vecteur d'entier qui contient les coefficients de reconnaissance. Ainsi, le coefficient le plus grand c'est l'objet que nous chercherons et qui possède la probabilité la plus forte d'être l'objet désiré. La Figure 32 illustre le résultat de reconnaissance   d'objet   :

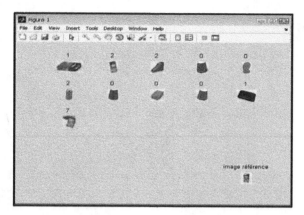

Figure 32 : le résultat de reconnaissance de l'objet

1.4. Détermination de la position de l'objet :

C'est la dernière phase de traitement visuel. Cette partie consiste à déterminer la position réel de l'objet désiré dans le repère base du robot. Nous rappelons que le but principal du projet est de faire placer l'objet par le robot. Ainsi, nous devons programmer les coordonnées dans le KCP pour que le robot soit capable de connaitre les coordonnées de l'objet. La Figure 33 illustre la détermination de position grâce à la matrice de passage :

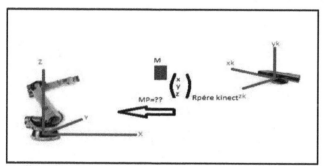

Figure 33 : Détermination de position par le matrice de passage

C'est pourquoi, il est nécessaire de recourir à la matrice de passage pour déterminer pour les coordonnées cartésiennes du robot pour qu'il puisse atteindre les objets. La transformation entre le kinect et le robot peut s'écrire sous la forme suivante :

$$K * M = R \quad (1)$$

43

Avec :

$$K = \begin{pmatrix} x_k \\ y_k \\ z_k \\ 1 \end{pmatrix}$$: les coordonnées de l'objet dans le repère Kinect

$$M = \begin{pmatrix} r_{11} & r_{12} & r_{13} & t_x \\ r_{21} & r_{22} & r_{23} & t_y \\ r_{31} & r_{32} & r_{33} & t_z \\ 0 & 0 & 0 & 1 \end{pmatrix}$$: la matrice de passage

$$R = \begin{pmatrix} X \\ Y \\ Z \\ 1 \end{pmatrix}$$: les coordonnées de l'objet dans le repère robot

Pour avoir un bon résultat nous avons décidé de prendre dix positions de différents objets. D'abord, nous avons déterminé les coordonnées de dix objets dans le repère Kinect. Ensuite, il suffit de déplacer le robot vers chaque objet pour déterminer leurs positions dans le repère base de robot. Finalement, pour trouver la matrice de passage (X) dans l'équation (2), nous utilisons la méthode des moindres carrés qui nous donne :

$$X = (A^t * A)^{-1} * A^t * B \quad (2)$$

Avec :

$$A = \begin{pmatrix} x_k^1 & y_k^1 & z_k^1 & 1 & 0 & 0 & 0 & 0 & 0 & 0 & 0 & 0 \\ 0 & 0 & 0 & 0 & x_k^1 & y_k^1 & z_k^1 & 1 & 0 & 0 & 0 & 0 \\ 0 & 0 & 0 & 0 & 0 & 0 & 0 & 0 & x_k^1 & y_k^1 & z_k^1 & 1 \\ \vdots & \vdots & \vdots & \vdots & \vdots & \vdots & \vdots & \vdots & \vdots & \vdots & \vdots & \vdots \\ x_k^i & y_k^i & z_k^i & 1 & 0 & 0 & 0 & 0 & 0 & 0 & 0 & 0 \\ \vdots & \vdots & \vdots & \vdots & \vdots & \vdots & \vdots & \vdots & \vdots & \vdots & \vdots & \vdots \\ x_k^{10} & y_k^{10} & z_k^{10} & 1 & 0 & 0 & 0 & 0 & 0 & 0 & 0 & 0 \\ \vdots & \vdots & \vdots & \vdots & \vdots & \vdots & \vdots & \vdots & \vdots & \vdots & \vdots & \vdots \end{pmatrix}$$

$$B = \begin{pmatrix} X^1 \\ Y^1 \\ Z^1 \\ \vdots \\ X^i \\ Y^i \\ Z^i \\ \vdots \\ X^{10} \\ \vdots \end{pmatrix}$$

Donc d'après ce calcule nous obtenons la matrice de passage suivante :

$$MP = \begin{pmatrix} -0.1 & -1.4 & -0.5 & 2193.7 \\ 1.1 & 0.4 & -0.2 & 367.5 \\ 0 & 0.1 & 0 & 934.7 \\ 0 & 0 & 0 & 1 \end{pmatrix}$$

Maintenant il est facile de déterminer les coordonnées réel de l'objet dans le repère base de robot, et pour plus de sécurité nous avons dessiné les différentes positions des objets en vue de dessous dans le plan (XY) de robot pour contrôler mieux les erreurs. La figure 34 illustre le résultat des coordonnées des objets :

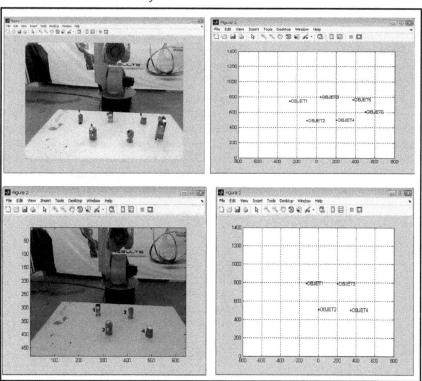

Figure 34 : résultat des coordonnées réel des objets

Comme Ca nous finissons la partie du traitement visuel. Nous avons abordé donc tous les phases qui ont été implémenté au cours de notre projet. A ce stade, il nous reste que de décrire la partie réalisation concernant la communication à distance.

2. Réalisation de la partie communication à distance

Dans cette partie nous allons détailler les solutions adaptées pour réalisées la communication à distance entre le robot et l'ordinateur portable. En effet, au cours de notre projet, nous avons réalisé deux solutions : la première solution est basée sur le programme Ethernet RSI XML qui était proposé par le représentant de la société INTELLIGENT ROBOTS Mr. Houssein LAMINE. Cette solution consiste à crée une interface en C# sous le Framework .Net Visual Studio 2010. Cette interface devrait par la suite se communiquer avec la baie de commande à travers le module de communication Ethernet RSI XML. Malheureusement, nous n'avons pas eu le module Ethernet RSI XML de la part de la société KUKA ce qui nous à mener à penser d'appliquer la deuxième solution.

La deuxième solution consiste à développer un serveur au niveau de l'armoire et un client au niveau du système externe. L'idée est d'avoir un serveur qui écoute les requêtes d'un seul client et essaye de communiquer avec le Cross qui est un OLE (Object Linking and Embendding) permettant de communiquer avec le système temps réel du robot.

2.1. La réalisation de la solution basée sur le programme RSI :

Cette solution est basée sur une Communication, en TCP\IP, qui va permettre d'envoyer les commandes au robot. Ces commandes vont être envoyées sous forme d'un échange de fichier XML. Nous avons se contenter de faire commander le robot pour qu'il soit capable dessiner un contour rectangulaire dans l'espace. La communication est initiée par le robot, celui-ci crée un objet RSI appelé ''*ST_ETHERNET*'' à travers duquel le robot et le PC vont pouvoir transmettre leurs informations. La Figure 35 [9] illustre le diagramme d'échange des données :

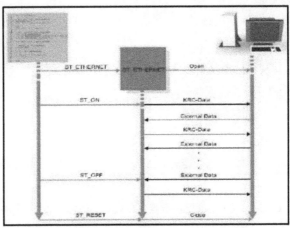

Figure 35 : Séquence d'échange de données XML

On voit bien sur ce schéma, que la communication est initialisée par le robot (coté gauche) qui représente par défaut le client. L'objet ''*ST_ETHERNET*'' défini un canevas qui est modifiable par l'utilisateur selon ses besoins en E/S. Nous avons construis deux fichier XML :

le premier est implémenté au niveau du serveur (ordinateur portable), l'autre doit être mis dans le répertoire du robot car le client et le serveur n'envoient pas le même fichier XML.

Un autre aspect à tenir en compte est l'aspect temps réel du robot : ce dernier renvoi toutes les 12 ms un fichier XML contenant un compteur IPO, le PC reçoit ce fichier XML ainsi que ce compteur. Le PC a 12 ms pour renvoyer son fichier XML ainsi que l'IPOC (IPO counter) qu'il vient de recevoir .Si ce n'est pas fait dans les délais, le robot considère qu'il y a un paquet de retard. Après X(X étant un chiffre configurable) paquets manqués, la communication se bloque pour le fait que le temps réel n'est plus assuré. Nous avons développé cet aspect temps réel dans la classe communication par la méthode *mirorIPOC ()* qui permet d'extraire le compteur IOP du fichier reçu par le robot est de le remplacer dans la balise du fichier XML : *<IPOC> </IPOC>*.

2.2. Création d'une couche d'abstraction :

L'étude du fonctionnement du robot, nous a permis de comprendre comment lui envoyer les commandes de notre ordinateur. C'est le fichier XML qu'on lui envoie qui contient tout ce qui est nécessaire pour faire bouger le robot. C'est donc une série de valeurs balisées qui va permettre de déplacer ou de modifier les entrées. Notre travail a été de créer une classe en C# permettant de réaliser touts les mouvements et toutes les actions de bases du robot, il suffit donc de récupérer du XML contenant les différentes valeurs de certaines sorties digitales, le courant dans tel ou tel moteurs, effectuer un mouvement linéaire jusqu'à tel point. Cette classe contient des méthodes parmi lesquelles certaines concernant :

- Les mouvements du robot : moveToPTP, moveLin, moveLinRel, moveCirc.
- Les E/S du robot : setDigOut, getDigIn, getDigOut.
- D'autres applications :fermerPince, ouvrir Pince.
- La communication du Robot-PC : StartComRobot, StopComRobot.

La Figure 36 suivante illustre le fichier XML du coté PC :

```
<Sen Type="ImFree">
  <EStr>ERX ISIB Test1</EStr>
  <RKorr X="0.0000" Y="0.0000" Z="0.0000" A="0.0000" B="0.0000" C="0.0000" />
  <SenPrea1>520.0</SenPrea1>
  <SenPrea2>-47.0</SenPrea2>
  <SenPrea3>628.0</SenPrea3>
  <SenPrea4>180.0</SenPrea4>
  <SenPrea5>0.0</SenPrea5>
  <SenPrea6>180.0</SenPrea6>
  <SenPrea7>0.0</SenPrea7>
  <SenPrea8>0.0</SenPrea8>
  <SenPrea9>0.0</SenPrea9>
  <SenPrea10>0.0</SenPrea10>
  <SenPrea11>0.0</SenPrea11>
  <SenPrea12>0.0</SenPrea12>
  <DigOut9>0</DigOut9>
  <DigOut11>0</DigOut11>
  <SenPint1>0</SenPint1>
  <SenPint2>0</SenPint2>
  <SenPrea17>0.0</SenPrea17>
  <SenPrea18>-108.76</SenPrea18>
  <SenPrea19>111.86</SenPrea19>
  <SenPrea20>-0.50</SenPrea20>
  <SenPrea21>31.91</SenPrea21>
  <SenPrea22>2.73</SenPrea22>
  <IPOC></IPOC>
</Sen>
```

Figure 36 : Fichier XML du coté PC

Comme dit précédemment, tout se passe au niveau des fichiers XML. Pour envoyer un ordre au robot, on modifie le XML sortant (celui qui va du PC au robot) alors que pour récupérer une information, on va aller lire le fichier XML entrant (celui envoyé par le robot). La méthode *'moveLin()'* par exemple sert à, comme son nom l'indique, d'effectuer un mouvement linéaire vers un point de destination. Par facilité, j'ai créé une classe *'Coordonnées'* ou chaque position est un ensemble de 6 *'Réel'* en références aux 6 axes du robot. Quand on exécute cette méthode, on passe les coordonnées du point destination en paramètres. Ces coordonnées sont modifiées dans le fichier XML sortant (Figure 37) ainsi qu'une valeur appelée *'SenPint'* va servir de paramètre dans un *'Switch case'*.Ce dernier, effectuera selon cette valeur de *'SenPint'* un mouvement linéaire ou un mouvement PTP.

Encore, La méthode *'startCom()'* est géré par un outil C# .Cet outil *'background worker'* c'est-à-dire un *'thread'* de tache de fond. Cet outil est bien utile dans notre cas : il permet de gérer la boucle infinie (écoute TCP-réception XML-envoie-XML) de manière autonome. Quoiqu'on fasse à coté, l'échange de fichiers XML s'effectuera correctement en tache de fond.

2.3. Création de l'objet ST_ETHERNET :

Nous avons crée l'objet ST_Ethernet dans le programme KRL par une simple instruction comme suit :
ST_ETHERNET (hEthernet, 0,"rsiConfig.xml ") [10]

Cette fonction contient l'identificateur *'hEthernet'* pour l'accès à l'objet ST_ETERNET. Elle est définie dans le *'Container 0 '* et elle déclare le fichier XML qu'elle doit le charger depuis le répertoire C:\KRC\ROBTER\INIT pour la réception et l'envoie des données. La Figure 37 illustre la structure du fichier XML du coté robot :

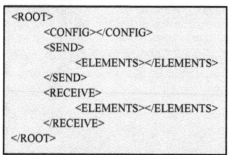

```
<ROOT>
    <CONFIG></CONFIG>
    <SEND>
        <ELEMENTS></ELEMENTS>
    </SEND>
    <RECEIVE>
        <ELEMENTS></ELEMENTS>
    </RECEIVE>
</ROOT>
```

Figure 37 : Structure de fichier XML du Robot

La balise <CONFIG> >...</CONFIG> par exemple contient l'adresse IP du système externe, définit le protocole de communication TCP, et définit le port de communication etc. Pour que la communication sera établie d'une manière fiable, nous devons tous d'abord configurer les adresses IPs du coté robot et du coté ordinateur pour qu'ils soient sous le même réseau. Dans notre Cas, nous avons configuré la carte réseau 3Comm du robot à l'adresse IP *"192.168.1.12"* tandis que le système externe était configuré par l'adresse réseau *"192.168.1.10"*.

2.4. Faire écrire le robot :

Pour la commande des mouvements se fera à l'aide de l'objet *"MAP2SEN_PINT"*. En effet, cet objet RSI permet de récupérer une donnée que nous envoyons par Ethernet et de venir la stocker dans une variable appelée *"SEN_PINT [1]"*. En fonction de la valeur qui sera mis dans cette variable, nous pouvons choisir le mouvement effectué par le robot :

0 : cas par défaut, ne fait rien,

1 : Mouvement point à point

2 : Mouvement linéaire

3 : Mouvement linéaire relatif

4 : Mouvement circulaire relatif

Si Nous voulons dessiner un rectangle alors, on positionne le robot à l'endroit ou on veut qu'il commence à se déplacer .Une fois le robot à la position voulue, il est mesure de dessiner la lettre souhaitée. Le fait d'avoir programmé les rectangles ou les carrés à l'aide de mouvements relatifs, nous pouvons dessiner des contours vraiment ou on veut de moment qu'il reste dans sa zone d'action. Si le choix est porté sur le dessin d'un rectangle, nous devons commencer par positionner le robot à l'endroit d'où va débuté la rédaction. Le choix de son positionnement et de son orientation se fait via la commande :

PTP {X -420, Y 580, Z 25, A -180, B 0, C -180}

Cette commande demande au robot d'aller se positionner aux coordonnées [-420 ; 580 ; 25] suivant le système d'axe que nous avons définit mais aussi, d'orienter son bras dans une certaine position : Les valeurs entrées sont les corrections (en degrés) apporté à sa position par défaut. La Figure 38 illustre notre interface logicielle développée :

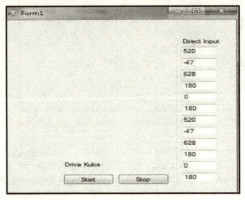

Figure 38 : Interface graphique

2.5. La réalisation de la solution basé un OLE CrossCommExe

L'idée de cette solution est de programmer une application distribuée en appelant des fonctions qui sont situés sur une machine distante ce qui explique le RPC (Remote Procedure Call)[11]. En effet, le RPC est utilisé pour toutes applications distribuées. Par exemple, Un client sur PC et un serveur sur un autre PC. Dans le programme client, il existe une fonction locale qui a le même nom que la fonction distante et qui en réalité appelle d'autres fonctions de la bibliothèque RPC qui prennent en charge les connexions réseaux, le passage des paramètres et le retour des résultats. De même, coté serveur, il suffit d'écrire une fonction se chargeant d'attendre les connexions clientes et d'appeler notre fonction avec les bon paramètres.

Ainsi, il suffit de programmer une nouvelle API en bas niveau contenant les déclarations des variables et les fonctions qui devront être exécuté sur le système d'exploitation de robot. Nous avons constaté au cours de notre projet, qu'il existe un programme OLE (Object Linking and Embendding) et qui fait le lien entre le système temps-réel et l'interface utilisateur(Windows) : c'est le ''*Cross*''. Cet OLE permet d'accéder aux fonctions qui permettent de voir ou de modifier les variables du système. Cependant, il est impossible d'accéder à distance aux composants systèmes, notamment à cause des restrictions qu'impose un ancien système comme Windows95. Pour Contourner à ce problème nous avons déclaré des nouvelles variables utilisateur dans le fichier de configuration C:\KRC\ROBOTER\KRC\R1\SYSTEM\$config.dat du système Kuka qui seront partagé sur le même réseau avec le système externe.

Cette solution nécessite l'implémentation de deux processus : le premier processus c'est le client qui nous avons développé sur le système externe sous Ubuntu et qui fait l'appel à la librairie statique (libkuka.a) et de l'API précompilé (Kuka_lib.h). Un deuxième processus d'écoute qui était développé par IMERIR et qui implémente l'OLE CrossCommExe pour pouvoir communiquer avec le Kuka *"Cross"* du système afin d'exécuter le programme KRL depuis l'interface utilisateur le *"KukaBof"*. Parmi les méthodes que nous avons déclarées dans l'API :

- setVar() et getVar() qui permettent d'ajuster les valeurs des variables du robot.
- Initialize() et uninitialize() qui permettent d'ouvrir et de fermer la session de travail avec KUKA.
- getError() qui permet de récupérer le rapport d'erreur.

Pour pouvoir exécuter notre solution nous devons lancer le serveur_kuka_api .exe sur le robot puis nous devons sélectionner le programme de commande KRL "kuka_api.src ". Enfin, nous tapons la commande d'exécution sur Ubuntu. La Figure 39 illustre l'exécution de notre programme client :

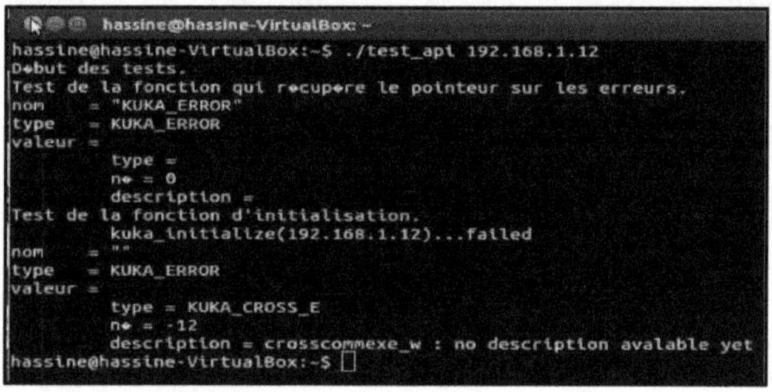

Figure 39 : Test d'exécution sur Ubuntu

En implémentant cette solution, nous n'avons pas pu communiquer entre l'OLE Cross de système et le CrossCommExe qui a été développé. Ceci est du que le serveur développé par IMERIR n'est pas compatible avec la version du la baie de commande KR C1. Cependant, les connexions réseau entre le client et le serveur en utilisant le RCP ont été établies avec succès.

Conclusion

Nous avons réussi à implémenter des algorithmes de traitement visuel qui sont très efficace et qui permettent d'obtenir un pourcentage d'erreur minimale. Nous n'avons pas réussi à commander le robot à distance à cause du manque du soft Ethernet RSI XML. De même, le test de la deuxième solution n'a pas abouti à un bon résultat à cause du manque de documentation concernant le KUKA Cross et ça façon de communiquer avec le système temps   réel.

Conclusion et perspectives

Le travail présenté dans ce mémoire s'est inscrit dans le cadre du projet de fin d'étude dont l'objectif est de concevoir une architecture matérielle et logicielle pour un système de vision pour définir la position d'un objet et l'envoyer au robot KUKA.

Nous avons présenté les techniques ainsi que les approches et les démarches théoriques de base qui traitent cette problématique. On a mentionné quelques exemples appliquant ces démarches et en particulier celles utilisées pour la vision et la communication. Pour la réalisation de ce travail nous avons été amenés à installer le kinect puisque le robot existe à l'école. Ce capteur nous a permis de procéder l'acquisition de la séquence d'images et de programmer des fonctions de vision artificielle pour la détection et la reconnaissance des objets. Les résultats qui ont été obtenu par le traitement visuel sont fiable et présente un pourcentage d'erreur faible.

Pour la partie communication nous avons réalisé deux méthodes la première était basée sur le programme RSI et la deuxième basé un OLE CrossCommExe. Malheureusement, nous n'avons pas réussi à commander le robot à distance à cause de non disponibilité du programme Ethernet RSI XML et du manque des documentations sur l'OLE Kuka Cross du KSS.

Etant les premiers étudiants à utiliser le Kuka, nous avons du étudier son langage et cerner ses possibilités même si elles sont énormes. Après compréhension de son fonctionnement, nous avons rendu, de par de notre travail, l'utilisation du robot beaucoup plus simple pour les projets futurs : nous pourrons intégrer le Kinect sur le bras manipulateur de robot et concevoir une communication via un Smartphone.

Bibliographie

[1]   Manuel de service et de programmation pour intégrateurs de systèmes page 24 kuka System software 5.5

[3]   Robot Sensor Interface (RSI) release 2.0 kuka Roboter GmbH page 7[4] Ethernet RSI Software Module version 2.0 page 1

[7]   A. LEJEUNE, S. PIÉRARD, M. VAN DROOGENBROECK et J. VERLY, '' Utilisation de la Kinect'' Linux Magazine France, N°151,pages 16-29, Juillet-Août, 2012.

[8]   D. Lowe, \Distinctive image features from scale-invariant keypoints," International Journal of Computer Vision", vol. 60, pp. 91-110, 2004.

Netographie

[2]   Rapport de stage 2ème 16 septembre 2003 PAUL CHAVENT ''http://paul.chavent.free.fr/kuka/doc/rapport.pdf ' '

[5]   http://en.wikipedia.org/wiki/Kinect

[6]   http://fivedots.coe.psu.ac.th/~ad/kinect/index.html

[9]   Kuka.RobotSensorInterface 2.3 page10 "http://vip.gatech.edu/wiki/images/3/3c/KUKARobotSensorInterface.pdf"

[10] Kuka.Ethernet RSI 1.1" http://vip.gatech.edu/wiki/images/f/f2/RSI_XML.pdf"

[11] http://okki666.free.fr/docmaster/articles/linux116.html

Glossaire

API : Application Programming Interface (interface de programmation applicative).

OSI: Open Systems Interconnection.

KCP: Kuka Control Panel.

KSS: Kuka System Software 5.5

KR C: Kuka Robot Cabinet

IHM: Interface Homme Machine.

KRC: KUKA Robot Cabinet.

KRL: KUKA Robot Language.

OLE: Object Linking and Embending.

RPC : Remote Procedure Call (appel de procedure distante).

SDK : Software Developpement Kit (boite à outils pour le développement de logiciels).

IMERIR : Institut méditerranée d'Etude et Recherche en Informatique et Robotique.

MFC: Multi-Function Card.

KRL: Kuka Robot Language.

RSI: Robot Sensor Interface

TCP: Transmission Control Protocol

IP: Inter-network Protocol